**Contemporary Music of Japan**

# MUSIC FOR VIBRAPHONE AND MARIMBA
(1 player)

Michio MAMIYA

現代日本の音楽
## ヴィブラフォンとマリンバのための音楽
間宮芳生

### I. Preludio: Vivace ——— 2
Vibraphone

### II. Armonia ——— 4
Vibraphone

### III. Umoresca ——— 6
Vibraphone

### IV. Capriccio ——— 8
Vibraphone and Marimba

### V. Finale: Canzonetta ——— 10
Vibraphone

**Range**／音域

Vibraphone／ヴィブラフォン

Marimba／マリンバ

---

**Commissioned by**
Mizuki AITA

**First performance**
Mizuki AITA
June 7, 2017
Aoyama Music Memorial Hall Barocksaal
Kyoto, Japan

**Recording**
CD: Lover on a Staff (Mizuki AITA, *perc.*)
ALCD-116
ALM RECORDS

**委嘱**
會田瑞樹

**初演**
會田瑞樹
2017年6月7日
京都・青山音楽記念館バロックザール

**録音**
CD: 五線紙上の恋人（會田瑞樹：打楽器）
ALCD-116
ALM RECORDS

# Music for Vibraphone and Marimba
ヴィブラフォンとマリンバのための音楽

## I Preludio: Vivace

Michio MAMIYA
(2016)

© 2017 by ONGAKU NO TOMO SHA CORP., Tokyo, Japan.

# II  Armonia

Michio MAMIYA
(2016)

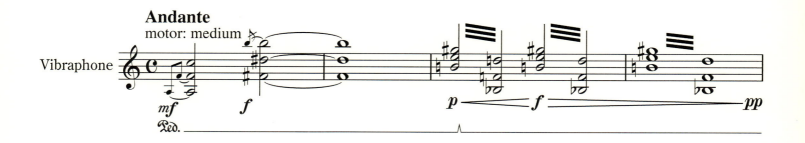

© 2017 by ONGAKU NO TOMO SHA CORP., Tokyo, Japan.

# IV Capriccio

Michio MAMIYA
(2016)

* Strike once over a wide pitch range on the black and white keys with two long, heavy planks
* 2本の重く長い棒で広い音域の黒鍵と白鍵を同時に打つ

# V  Finale: Canzonetta

Michio MAMIYA
(2016)

**間宮芳生**（まみやみちお）

1929年北海道旭川市生れ。幼少期より高等女学校音楽教師だった父の手ほどきでピアノを弾き、6歳で最初の作曲。6歳より青森市に移り、中学校卒業後上京。1948年、東京音楽学校（現東京藝術大学音楽学部）作曲科入学、52年卒業。以来今日まで作曲活動を続けている。作品は多岐にわたり、オーケストラ作品、室内楽曲、多数のピアノ独奏曲、合唱曲、オペラ、また各種邦楽器のための作品などがある。1974年、NHK委嘱により、歌舞伎十八番のひとつ、「鳴神」に基づいた自作テキストによるテレビのためのオペラ「鳴神」作曲。これは、歌手がオーケストラをバックに歌い、文楽の人形が演じる形で作られ、ザルツブルク・テレビオペラ賞に参加、金賞を得た。その他、オーケストラ作品による尾高賞など内外の受賞多数。東京音楽学校卒業後、日本各地の伝承民謡を研究、それらの中に多様・多彩な姿で見つかる、カケ声、ハヤシコトバに魅せられ、主としてそれらハヤシコトバを駆使した合唱曲を数多く作り、中でも17作に及ぶ「合唱のためのコンポジション」、24曲から成る独唱とピアノのための「日本民謡集」はことに重要。

創作のかたわら、1972～90年、東京藝術大学作曲家講師、1980年より桐朋学園大学講師、2000～05年同学特任教授。1977年と81年には各2ヶ月、カナダ西オンタリオ大学に客員教授として招かれ、作曲、音楽理論、ピアノ教授法、管弦楽法を教えた。また、クフモ音楽祭（フィンランド）にテーマ作曲家として招かれた他、ハンガリー、ブルガリア、アメリカ、ロシア等、海外の音楽祭に参加するなどの活動も多かった。その他では、1995年より、この年オープンした静岡音楽館AOIの初代芸術監督を10年務め、その間内外の音楽家を招いて、200余の多彩なプログラムの企画・実行にあたった。

**Michio MAMIYA** (b.1929, Hokkaido, Japan) is one of Japan's best known and most performed composers. He studied music initially with his father, lately studying composition with Prof. Tomojiro Ikenouchi and piano with Prof. Hiroshi Tamura at the Tokyo Academy of Music (now the Tokyo National University of Fine Arts and Music) and graduating from it in 1952.

Mamiya's interest in folk music, not only of his homeland but of many other countries, including Asian, African and Scandinavian, goes back to immediately after his graduation from the Academy, and manifests itself in a variety of ways in many of his works. His thesis "Rhythm of Japanese Folk-songs" analyzes the relationship between the Japanese language and that counry's musical folklore. The most important results of his study on folk music are a series of compositions for chorus and operas.

His works comprise almost every form ranging from choral works and operas, through orchestral works and concertos, chamber music and pieces for solo instruments to music for voices and traditional Japanese instruments.

---

皆様へのお願い

　楽譜や歌詞・音楽書などの出版物を権利者に無断で複製（コピー）することは、著作権の侵害（私的利用など特別な場合を除く）にあたり、著作権法により罰せられます。また、出版物からの不法なコピーが行われますと、出版社は正常な出版活動が困難となり、ついには皆様方が必要とされるものも出版できなくなります。

　音楽出版社と日本音楽著作権協会（JASRAC）は、著作者の権利を守り、なおいっそう優れた作品の出版普及に全力をあげて努力してまいります。どうか不法コピーの防止に、皆様方のご協力をお願い申し上げます。

　　　　　　　　　　　　　　　　　株式会社 音楽之友社
　　　　　　　　　　　　　　　　　一般社団法人 日本音楽著作権協会

LOVE THE ORIGINAL
楽譜のコピーはやめましょう

---

〈現代日本の音楽〉　**ヴィブラフォンとマリンバのための音楽**

2017年11月10日　第1刷発行

作曲者　間　宮　芳　生
発行者　堀　内　久　美　雄
発行所　株式会社 音楽之友社
　　　　東京都新宿区神楽坂6の30
　　　　電話 03(3235)2111(代)　〒162-8716
　　　　振替 00170-4-196250
　　　　http://www.ongakunotomo.co.jp/

493417

© 2017 by ONGAKU NO TOMO SHA CORP., Tokyo, Japan.
落丁本・乱丁本はお取替いたします。
Printed in Japan.

楽譜浄書：堀内貴晃
制作協力：會田瑞樹
英訳（脚注）：Robin Thompson
印刷／製本：錦明印刷（株）